Principes Élémentaires

DE

MUSIQUE VOCALE POPULAIRE

EN CHIFFRES,

POUR LES AIRS ORDINAIRES,

SUIVIS DE NOMBREUX EXEMPLES D'AIRS, DE CHANTS D'ÉGLISE, DE CHANSONS, DE ROMANCES, SUR DIVERS TIMBRES D'AIRS CONNUS, ET SUR LA PLUPART DES AIRS DES CHANSONS DE BÉRANGER, NOTÉS EN CHIFFRES,

par P. W.

A l'usage des personnes qui aiment à chanter et qui désireraient apprendre la Musique vocale promptement et sans maître.

Dédié

Aux enfans des écoles d'Enseignement Mutuel, aux ouvriers des deux sexes; mais seulement à ceux qui sont doués d'une VOLONTÉ FERME *et d'une* ATTENTION SOUTENUE.

PARIS.

CHEZ DÉPÉE JEUNE, EDITEUR, RUE SAINT-SAUVEUR, N° 43,
A l'Entreprise générale des Impressions Commerciales,
ET CHEZ TOUS LES MARCHANDS DE NOUVEAUTÉS.

1834.

Imprimerie de J.-L. BELLEMAIN, rue Saint-Denis, 268.

AU LECTEUR.

La musique est devenue un métier si difficile de notre temps, les airs gravés sont si chers, qu'il est impossible que la classe populaire puisse ni l'apprendre, ni payer son impression. *Mazarin* aurait beau dire aujourd'hui : « Le peuple chante, il paiera ; » on lui répondrait : « Le peuple ne chante pas parce qu'il ne peut plus payer (1). » Il n'y a plus de chanteurs que dans nos *concerts*, soit au théâtre, soit dans nos salons ; mais la musique qu'on y fait n'est que pour l'opulence ; le peuple ne pourrait ni la comprendre, ni s'en divertir, encore moins la payer. Il ne chante que dans ses ateliers, pour se soulager dans ses travaux, ses chants sont des airs simples, de vieux airs, méprisés du beau monde. *P. J. de Béranger* a dû les adopter pour se rapprocher du peuple et lui faire partager sa patriotique éloquence et son amour pour la France. Il a dit de lui :

> De vieux soldats m'ont dit : Grâce à ta muse,
> Le peuple enfin a des chants pour sa voix.

Il a tellement donné son sens vrai, son bon goût au peuple, que celui-ci s'est dégoûté des niaiseries de *Désaugiers*.

Le beau talent de *Lamartine* est d'un genre trop élevé pour avoir pu suivre, à cet égard, l'exemple de *Béranger ;* mais quel malheur que nous n'ayons plus de *Méhul*, de *Gossec*, de *Catel* et *autres*, pour composer des chants

(1) Il y a cinquante ans, un grand air de musique vocale à roulades, coûtait deux sous ; aujourd'hui une simple romance avec accompagnement coûte trente sous, quand l'Almanach de France, qui équivaut à trente feuilles in-8°, coûte dix sous. Nous sommes en progrès d'un côté, mais bien en arrière de l'autre !

religieux et simples sur les *harmonies poétiques* de *Lamartine!* Le peuple les chanterait, sa moralité y gagnerait : prions Dieu qu'il se forme des musiciens populaires.

On a si bien compris que le peuple aime à chanter, et que lorsqu'il se livre à ce goût il en affaiblit d'autres plus grossiers et plus dangereux, que l'on a commencé, dans des écoles à lui enseigner la musique. M. *B. Wilhem* s'est consacré avec un zèle admirable à cette intéressante fonction. Il a obtenu quelques succès à Paris; mais cette étude devrait être générale, toutes les écoles d'*Enseignemens mutuels* en France devraient adjoindre la connaissance du chant à la lecture, l'écriture et autres objets dont elles s'occupent; cette connaissance, réduite à sa plus simple expression, s'acquérerait avec autant de facilité que le *plein chant*, en n'y employant que quelques momens dans les heures de récréations.

J.-J. Rousseau avait proposé la notation de la musique avec les *sept premiers chiffres arabes*; mais son erreur a été de vouloir l'étendre de la *voix* aux *instrumens*. Il a reconnu depuis son erreur très judicieusement; mais s'il eût borné, comme nous, son innovation aux airs faciles de la musique vocale, tels que chants d'église, chansons, romances, *aux chants populaires enfin*, il n'aurait effarouché personne; l'air d'une chanson aurait été imprimé typographiquement à la tête de chaque chanson, sans qu'un recueil eût été renchéri de 25 centimes, et *le peuple enfin eût eu des chants pour sa voix*.

Mais si nous ne portons pas nos prétentions aussi loin que Rousseau, nous en avons une autre qui n'excitera, tout au plus, qu'un sourire de pitié, mêlé de mépris, de la part des musiciens instrumentistes, ce à quoi nous nous résignons volontiers; cette prétention est d'enseigner *notre Musique vocale populaire* sans le secours d'un maître, à ceux qui sont doués d'une *volonté ferme* et qui sont susceptibles d'une *attention soutenue*. Ceux qui ne possèdent pas ces facultés ou qui ne veulent pas les acquérir, n'apprendront jamais rien, même d'un maître. Tous les maîtres de bonne foi en conviennent.

Cette dénomination de *Musique vocale populaire en chiffres* n'est pas sans motifs; la *musique ordinaire*, avec ses clefs diverses, armées de dièzes, de bémols, de béquarres et d'une foule de signes compliqués, n'est rendue si difficile, qu'à cause des instrumens; la voix humaine n'a besoin que de la gamme naturelle majeure d'*ut* et mineure de *la;* les dièzes et bémols ne sont jamais qu'accidentels; tous les airs du mode majeur peuvent se traduire et se solfier sur la gamme naturelle d'*ut majeur*, tous les airs en mode mineur peuvent aussi se traduire et se solfier sur la gamme naturelle de *la mineur*; seulement, si l'on veut les solfier sur le ton du diapason, on indique au commencement de l'air en chiffre le ton, ou la tonique, de l'air en *musique ordinaire* et l'on évite les difficultés que les instrumens ont apportés dans ladite musique et dont la voix peut et doit être affranchie.

Mais la simplicité et la facilité de *la Musique vocale populaire* aura aussi son utilité; nous supposons qu'un certain nombre d'enfans en France la possèdent; ils aimeront à chanter, leurs voix se développeront par l'exercice; les plus belles voix seront remarquées, on cherchera à les engager pour le théâtre; ils auront bientôt fait d'apprendre la *mu-*

sique ordinaire, puisqu'ils en possèdent déjà les élémens essentiels, ou plutôt ils savent la musique, sauf les signes ordinaires qui s'adressent plutôt aux yeux qu'à l'intelligence.

Du reste, cet essai ne sera que le denier de la veuve jeté dans le tronc public; nous abandonnons ce léger opuscule à son sort et en faisons la propriété de tous ceux qui voudront le propager s'ils le jugent à propos (1); les exemplaires en seront livrés au public au prix des frais déboursés, et ce sera l'imprimeur qui en sera le premier éditeur et libraire, et qui en fixera le prix d'après le coût de l'édition.

Adieu, lecteur, santé, prospérité et joie.

P. W.

(1) Dans notre siècle d'investigation et de spéculation, cette méthode pourra faire éclore des recueils d'anciens airs qui sont perdus pour la génération actuelle; M. Fétis n'a-t-il pas exhumé des mélodies des 15ᵉ, 16ᵉ et 17ᵉ siècles de divers pays? Croit-on que des richesses enfouies et qui sont restées inconnues par la difficulté de les conserver au moyen de la typographie, seraient sans attraits pour ceux qui cherchent dans la musique autre chose que le goût passager d'une époque, ou d'une mode si fugitive de sa nature? La traduction en chiffre n'est rien pour un musicien ordinaire, la légère instruction que nous donnons et les nombreux exemples que nous fournissons, applaniront toutes les difficultés pour la musique vocale.

		4	
		3	
		2	A
	ut	1	2de octave.
	si	7	
	la	6	
	sol	5	
	fa	4	
	mi	3	
	re	2	
	ut	1	Octave.
12	*si*	7	*Septième.*
11	7	6	*si* bemol ou *la* dièze
10	*la*	6	*Sixte.*
9	6	5	*la* bemol ou *sol* diè.
8	*sol*	5	*Quinte.*
7	5	4	*sol* bemol ou *fa* diè
6	*fa*	4	*Quarte.*
5	*mi*	3	*Tierce.*
4	3	2	*mi* bemol ou *re* diè.
3	*re*	2	*Seconde.*
2	2	1	*re* bemol ou *ut* dièze
1	*ut*	1	*Tonique.*
		7	B
		6	

PRINCIPES ÉLÉMENTAIRES

DE MUSIQUE VOCALE

EN CHIFFRES.

Il n'y a point d'enfant ayant la voix juste qui ne sache chanter la *gamme* ou *l'échelle diatonique* composée des notes :

1.	2.	3.	4.	5.	6.	7.	1.
ut,	*re,*	*mi,*	*fa,*	*sol,*	*la,*	*si,*	*ut.*

et d'en faire bien sentir les intervalles. On apprend et l'on chante des airs pour ainsi dire naturellement. Il s'agit d'apprendre à lire avec les yeux ce qu'on peut apprendre par l'oreille.

La gamme est l'alphabet, commençons par elle. Cette échelle a *sept tons*, dont *cinq tons entiers* et *deux demi-tons*; en tout, si l'on veut, *douze demi-tons* : pour peindre aux yeux les intervalles des tons et demi-tons, figurons *douze espaces égaux*, dans lesquels nous insérerons les notes comme on les *sonne en chantant*, nous aurons une idée assez juste d'une *gamme naturelle majeure*. Ainsi, nous voyons dans la colonne *A ci-contre*, que du *mi*-3 au *fa*-4, et du *si*-7 à l'*ut*-1, l'espace ou l'intervalle n'est que la moitié des autres tons. Donc les *deux demi-tons* de la gamme sont *ut*-1 et *fa*-4; et il faut que dans tout air chanté les notes aient le même son et le même rapport d'intervalles que dans la gamme. Exemple. Si je chante : *J'ai du bon tabac dans ma tabatière*, je dois prendre, pour exprimer cette phrase de chant, les notes suivantes de la gamme :

| 1231 | 2.23 | 4 4 | 3 3 | 1231 | 2.23 |
| 4 5 | 1. |

et si je fais ces notes sur les mêmes tons qu'ils ont dans la gamme, j'aurai chanté l'air juste, sauf la mesure, à laquelle pourtant je me conformerai en chantant, puisque je sais cet air.

On voit dans cette même *colonne A* cinq demi-tons qui ne sont point occupés; ils sont réservés pour y insérer les *cinq demi-tons dièzes* et les *cinq demi-tons bémols*, comme on le voit dans la *colonne B*, où les *douze demi-tons* sont *marqués*, *nommés*, *caractérisés*. Les cinq espaces qui contiennent chacun deux notes, dont une dièze et une bémol, prouvent qu'une note *abaissée par bémol*, ou *haussée par dièze*, ne font qu'un *même son*. On nomme cette *gamme de demi-tons*, *échelle chromatique*.

Fixons bien nos idées sur les termes :

Gamme diatonique. Ce sont les sept tons de la gamme.

Gamme naturelle majeure. 1 2 3 4 5 6 7, 1, la tonique et la quarte demi-ton.

Echelle chromatique. Gamme décomposée en douze demi-tons.

Tonique. C'est la note qui commence toute gamme possible, et par où finit l'air.

Gamme mineure. Elle est engendrée à la tierce mineure de toute *gamme majeure*.

D.

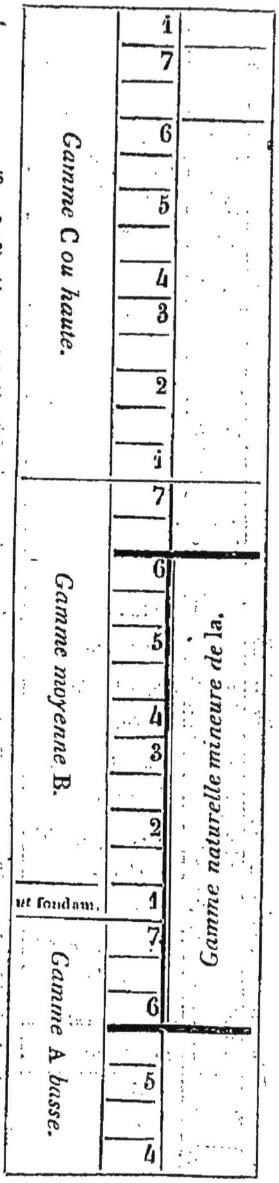

Gamme naturelle mineure, engendrée de la gamme naturelle majeure, en prenant la tierce mineure au-dessous de la gamme naturelle majeure. Ici c'est la gamme de

la,	*si,*	*ut,*	*ré,*	*mi,*	*fa,*	*sol,*	*la.*
6,	7,	1,	2,	3,	4,	5,	6.

Remarquez que les deux demi-tons *ut* et *fa* naturels, au lieu de rester *la tonique* et *la quarte*, comme dans la gamme majeure, sont placés à la tierce et à la sixte de la gamme naturelle mineure, dont la tonique est toujours *la*-6. Voyez à la colonne D ci-contre.

Nous ne nous servirons, dans la notation en chiffres, que des gammes naturelles majeures et mineures : les airs finissant par *ut*-1 ou par *la*-6.

Mode majeur. La tonique et la quarte sont toujours demi-tons.

Mode mineur. La tierce et la sixte sont demi-tons en descendant.

Aucun morceau de musique ne peut être composé que sur l'un de ces modes ; on peut, dans le même morceau, passer d'un mode à l'autre seulement.

Les tons de la gamme mineure ci-contre sont aussi naturels que ceux de la gamme d'ut majeure. Seulement, en la commençant par la tonique *la*-6, l'ensemble de la gamme aura un chant plus dolent. Il faudra s'y exercer pour qu'elle reste bien dans la mémoire.

Une grande quantité d'airs simples, dans les deux modes, n'emploient que les tons naturels, sans dièzes ni bémols. Dans ce cas, rien n'est plus facile à solfier. Mais pour nous plaire et nous toucher, la musique ne devant négliger aucun de ses moyens, le compositeur fait usage des dièzes et des bémols pour arriver au but qu'il se propose. Les degrés de l'échelle chromatique sont encore nécessaires pour faire coïncider les instrumens avec les voix, suivant les facultés de celles-ci, en prenant pour tonique quelque degré que ce soit de l'échelle chromatique, et en se conformant au moyen des dièzes et bémols aux conditions voulues pour former les modes majeurs et mineurs.

Avant de finir cette légère instruction sur l'expression des sons, nous devons faire observer que beaucoup d'airs de musique dépassent, soit en haut ou en bas, les sept notes de la gamme, et qu'on peut avoir besoin de distinguer les divers octaves graves ou aigus dans lesquels on passe en sortant de la moyenne. Soient proposés les tons suivans :

	A	B	C	C	B	A
Savoir :	4567	$\dot{1}$234567	$\dot{1}$2345	54321	7654321	7654
	basse	octave moyenne	haute	haute	octave moyenne	basse

L'*ut* de l'octave B est l'*ut* fondamental. Il représente la sixième corde du clavier général ou la quinte au-dessous de la clé de sol. Cet *ut* fondamental est le commencement de l'octave moyenne B.

Quand on passe d'une octave à l'autre en dessus, on met un point sur le chiffre appartenant à ladite octave, et un point au-dessous du premier chiffre appartenant à l'octave inférieure et ainsi de suite, comme on le voit dans l'exemple ci-dessus.

Ainsi, l'expression des sept tons de la gamme sont bornés aux sept chiffres 1, 2, 3, 4, 5, 6, 7; les signes des changemens d'octaves sont bornés à des points placés au-dessus ou au-dessous des premiers chiffres qui doivent indiquer ces changemens.

Mais lorsque ces tons seront altérés en les haussant d'un demi-ton par dièze, ou en les baissant de demi-ton par bémol, nous les altèrerons par les signes convenus de / dièze et de bémol, ainsi qu'il suit :

1	2	4	5	6	dièzes.
2	3	5	6	7	bémols.

(Le *mi* ne peut être *dièze* sans devenir *fa*. — Le *si* ne peut être *dièze* sans devenir *ut*.)

En résultat, l'expression consiste, quant aux sons :

1° A sonner juste tous les tons de la gamme majeure ;

2° A apprécier la différence entre les gammes majeures et mineures;

3° A apprécier l'altération que peut recevoir un ton par *bémol* ou *dièze ;*

4° A exprimer facilement les tons des gammes dans tous leurs intervalles,

Tels que :	*ut, ré, mi,*	*ut, mi,*	*ut, ré, mi, fa,*	*ut, fa,*	etc.
	1 2 3	1 3	1 2 3 4	1 4	

Pour cela on donnera, à la fin de l'instruction, des gammes dans tous leurs intervalles et dans les modes majeur et mineur.

DURÉE DES SONS OU MESURES.

On appelle *mesure* une division en *temps égaux* d'un *air* ou *morceau de musique*. Cette division se marque par des barres ou *lignes verticales*. Toutes les mesures contiennent aussi des divisions de *durées égales*, plus particulièrement appelées *temps*. Une *mesure* peut se diviser en *deux* ou *trois temps égaux en durée*.

Mais chacun de ces *temps* peut aussi se diviser en 1/2, en 1/3 et en 1/4 de *temps*, et même en 1/6e et 1/8e de *temps*, toujours *égaux* entre eux, lesquels auront chacun une durée rélative. De l'expression exacte de ces diverses durées de sons, naîtront des variétés infinies dans les airs, et la parfaite exécution du chant.

EXEMPLE D'UNE MESURE A DEUX TEMPS.

Notes simples.	1	1	5	5	6	6	5	o
	Ah	vous	di-	rai-	je	ma-	man	
	4	4	3	3	2	2	1	o
	ce	qui	cau-	se	mon	tour-	ment	
Notes variées.	1 2	4321	5 3	5 3	6 7	2176	5	o
	Ah	vous	di-	rai-	je	ma-	man.	
	456	432	845	321	234	217	1	o
	ce	qui	cau-	se	mon	tour	ment.	
	1er tems	2e	1er	2e	1er	2e	1er	2e
	frappez	levez	frappez	levez	frappez	levez	frappez	levez

On voit dans cet exemple des temps qui contiennent *une*, *deux*, *trois* et *quatre notes*. Cependant, par la construction, chacune des *mesures* et chacun des *temps* sont égaux en *durée*. Donc, moins une note occupe de place dans un *temps*, moins elle doit *durer*; plus elle en occupe dans le même *temps*, plus elle doit *durer*. Ceci s'applique aux 1/6e et 1/8e de *temps*.

On appelle *syncopes* les traits courbes qui embrassent *deux*, *trois* ou *quatre notes* à la fois. Cette liaison signifie qu'il faut chanter ces notes *syncopées* sur la seule syllabe qui est au-dessous, et que ces notes doivent être *coulées* et non *saccadées*. En chantant, il faut appuyer la voix un peu plus fortement sur la première note qui commence le temps, ce qui dispense souvent de frapper ou marquer le temps, autrement que par la voix ; la mesure est aussi évidente et le chant plus agréable.

EXEMPLE D'UNE MESURE A TROIS TEMPS.

(Air connu.)

5	5	1̇	7	6	5	1̇	1̇	3	o levez
char-	man-	te	Ga-	. .	Bri-	el	le	per-	
5	.	3	1̇	3	2	1	.	o	o levez
cé		de	mil-	le	. .	dards			frappez o

EXEMPLE D'UNE MESURE A TROIS TEMPS SE BATTANT A UN SEUL TEMPS, DITE MESURE 3/8.

(Air connu.) — Mouvement de walse. — Muse des bois et accords champêtres.

3 5 1̇	7̣ 5 4	3 5 1̇	7̣ . 7	1̇ 5 3	3 2 3	4 5 4	3 . o
3 5 1̇	7̣ 5 4	3 5 1̇	7̣ . 7	6 6 6	1̇ 1 1	6̣ 7 6	5 . o
5 6̣ 5	4 2 2	5 5 5	3 . 1	5 6 5	4 4 4	3 5 3	2 . o
3 5 1̇	7̣ 5 4	3 5 1̇	7 . 7	1̇ 5 3	3 2 3	4 5 4	3 . o
1 3 2 1 7 1̇	6̣ 1̇ 6	5 4, 3, 2	1 . .				

S'il y avait dans cette *mesure à trois temps* des temps composés de *deux*, *trois* ou *quatre* notes, il faudrait, pour leur exécution, suivre les principes établis par la mesure à deux temps.

On peut très bien concevoir qu'une mesure à deux ou trois temps ne soit remplie que d'une seule note ; dans ce cas, la voix doit soutenir le même ton pendant toute la durée de la mesure.

On conçoit également qu'une mesure ou portion d'une mesure, ou d'un temps, soit remplie par un *silence* représenté par zéro (o). Dans ce cas, la voix doit se taire pendant la durée relative du *silence*, en proportion de la place qu'il occupe, soit dans une mesure, soit dans un temps.

De même la durée d'un ton peut se prolonger au-delà d'une mesure ou d'un temps, ou d'une portion de temps. Dans tous ces cas, on place après la note un point (.) qui indique qu'il faut soutenir le ton pendant l'espace occupé par le point ou les points.

Le point ou les points placés après le silence o... prolongent aussi le silence.

On ne peut confondre les points de prolongations de tons ou de silence placés à côté des chiffres, avec les points placés au-dessus et au-dessous des chiffres, indiquant les passages dans une octave supérieure ou inférieure; leur position est aussi différente que leur fonction.

PRATIQUE OU EXÉCUTION.

Au moyen des notions précédentes, il s'agit d'arriver au double résultat : 1° *de solfier un air écrit que nous n'ayons pas encore entendu ; 2° d'écrire un air qu'un autre puisse solfier ou chanter.*

Peut-on parvenir à ce résultat sans maître? Oui, car cette question a été résolue par le fait. Plusieurs musiciens le sont devenus sans autre secours qu'eux-mêmes : la chose est possible, *quand on le veut*; mais il faut le *vouloir réellement*. Il faut être assez *attentif* pour apprécier tous les tons de la gamme qu'on chante soi-même, soit en montant, soit en descendant; de sorte que si l'on a à intonner *ut, la*, ces deux sons soient exactement semblables à 123456 en taisant les quatre notes intermédiaires qui les séparent.

Que nous ayons ou non un maître, nous n'en serons pas moins tenus (sous peine de ne rien apprendre) de *remarquer, comparer et juger* nous-mêmes nos *sensations*; un maître ne pourrait pas plus nous dispenser de ce travail, qu'il ne pourrait *digérer* ou *dormir* pour nous.

Ainsi, nous devons d'abord *remarquer* les sons qui arrivent à notre oreille, ensuite les *comparer* entre eux pour *juger* s'ils sont plus ou moins *graves* ou *aigus*; si leurs *intervalles* sont plus ou moins éloignés ou rapprochés, et dans quels rapports; enfin, si leur durée est plus ou moins *lente* ou *rapide*, et dans quels rapports.

Mais pour *remarquer, comparer* et *juger*, il faut que nous soyons *attentifs*, sans quoi nous jugerons mal. Mais l'*attention* est une situation un peu pénible de l'esprit qui ne s'obtient que par notre propre *volonté*; mais pour vouloir, il faut que nous y ayons *intérêt*; un maître ne saurait vendre ces diverses facultés de l'entendement.

Au fait, que vous dit un maître? *remarquez bien ceci, comparez, saisissez bien la différence, jugez vous-même que vous faites erreur faute d'attention.* Convenons franchement que nous sentons nos torts, volontaires ou non, avant que le maître ne nous les reproche, et que s'il a la *volonté* de nous enseigner, nous n'avons pas toujours la volonté d'apprendre.

On aurait pourtant tort de conclure qu'un maître soit de tout point inutile. Si l'on en rencontre un qui préfère les progrès de l'art à l'argent, dont la raison soit supérieure à la routine, et la patience plus forte que la vanité, il peut soulager son élève en l'empêchant d'épuiser ses forces contre des difficultés sans objet, et en assurant sa marche pour arriver au but par les sentiers les plus directs. Mais un tel maître, fût-il le père le plus tendre et le plus éclairé, ne saurait épargner à son élève ou à son fils les opérations intellectuelles qui sont les conditions du succès.

Quand donc, par une attention soutenue et de fréquentes comparaisons de nos sensations, suivies de jugemens sains, nous aurons acquis les idées générales relatives aux sons, tant à leur expression qu'à leur durée? Nous exécuterons alors avec facilité, notre voix obéira sans peine à notre intelligence et à notre volonté, comme le pinceau du peintre, le geste et le ton de l'orateur, obéissent à leurs idées.

CE QUE L'ON CONÇOIT BIEN S'ÉNONCE CLAIREMENT.

On doit se rappeler que la première condition pour apprendre la musique vocale, c'est d'avoir la voix juste et de savoir chanter la gamme; mais si nous la chantons en montant et descendant, comme suit :

$$1234567\dot{1},\ \dot{1}7654321$$
$$1\text{-}3\text{-}5-\dot{1}\quad \dot{1}-5\text{-}3\text{-}1,$$

nous pouvons bien ne prendre que quelques notes, en augmentant chaque fois une de plus, comme:

en montant,	123	1234	12345	123456	1234567	$1234567\dot{1}$
	103	1004	10005	100006	1000007	$100000\dot{1}$

1̇76	1̇765	1̇7654	1̇76543	1̇765432	1̇7654321	en descendant. 7
1̇o6	1̇oo5	1̇ooo4	1̇oooo3	1̇ooooo2	1̇oooooo1	

RÉSUMÉ DES INTERVALLES DE LA GAMME.

12, 13, 14, 15, 16, 17, 1, 1̇	1̇7 1̇6 1̇5 1̇4 1̇3 1̇2 1̇ 1
en montant.	en descendant.

C'est ainsi qu'on s'apprend à franchir tous les intervalles des tons de la gamme; mais il faut s'écouter attentivement pour s'assurer que quand on dit 1 3, 1 4, 1 5, ces tons sont en tout semblables à ceux qu'on sonnait en prononçant 123, 1234, 12345; car faute d'attention, les commençans prononcent une note et en sonnent une autre. Ainsi, en chantant 123456, au lieu d'entonner 1 6, ils intonnent 1 5, quoiqu'ils prononcent 1 6.

Ce défaut d'attention n'est pas incompatible, même avec une oreille juste. C'est pourquoi il faut toujours se défier d'une distraction et se répéter, pour s'assurer, que l'intervalle qu'on a voulu franchir est bien réellement celui qu'on a franchi. On aurait un assez grand avantage, dans les commencemens, d'étudier plusieurs personnes ensemble; car on se rectifierait réciproquement, comme dans l'enseignement mutuel.

ÉTUDES D'INTERVALLES. — GAMMES MAJEURES.

Intervalles par tierce.

1 2 3	2 3 4	3 4 5	4 5 6	5 6 7	6 7 1̇	1̇ 7 6	7 6 5	6 5 4	5 4 3	4 3 2	3 2 1
1 o 3	2 o 4	3 o 5	4 o 6	5 o 7	6 o 1̇	1̇ o 6	7 o 5	6 o 4	5 o 3	4 o 2	3 o 1

Quarte.

1 2 3 4	2 3 4 5	3 4 5 6	4 5 6 7	5 6 7 1̇	1̇ 7 6 5	7 6 5 4	6 5 4 3	5 4 3 2	4 3 2 1
1 — 4	2 — 5	3 — 6	4 — 7	5 — 1̇	1̇ — 5	7 — 4	6 — 3	5 — 2	4 — 1

Quinte.

1 2 3 4 5	2 3 4 5 6	3 4 5 6 7	4 5 6 7 1̇	1̇ 7 6 5 4	7 6 5 4 3	6 5 4 3 2	5 4 3 2 1
1 —— 5	2 —— 6	3 —— 7	4 —— 1̇	1̇ —— 4	7 —— 3	6 —— 2	5 —— 1

Sixte.

1 2 3 4 5 6	2 3 4 5 6 7	3 4 5 6 7 1̇	1̇ 7 6 5 4 3	7 6 5 4 3 2	6 5 4 3 2 1
1 ——— 6	2 ——— 7	3 ——— 1̇	1̇ ——— 3	7 ——— 2	6 ——— 1

GAMMES MINEURES.

ascendante avec la note sensible	6 7 1 2 3 4 5 6	descendante sans note sensible.	6 5 4 3 2 1 7 6

On ne figurera pas la note sensible dans les gammes mineures ascendantes.

671	61	6712	62	67123	63	671234	64	6712345	65	67123456	66
654	64	6543	63	65432	62	654321	61	6543217	67	65432176	66

Intervalles par tierce.

6 7 1	7 1 2	1 2 3	2 3 4	3 4 5	4 5 6	6 5 4	5 4 3	4 3 2	3 2 1	2 1 7	1 7 6
6--1	7--2	1--3	2--4	3--5	4--6	6--4	5--3	4--2	3--1	2--7	1--6

Quarte.

6 7 1 2	7 1 2 3	1 2 3 4	2 3 4 5	3 4 5 6	6 5 4 3	5 4 3 2	4 3 2 1	3 2 1 7	2 1 7 6
6---2	7---3	1---4	2---5	3---6	6---3	5---2	4---1	3---7	2---6

Quinte.

6 7 1 2 3	7 1 2 3 4	1 2 3 4 5	2 3 4 5 6	6 5 4 3 2	5 4 3 2 1	4 3 2 1 7	3 2 1 7 6
6——3	7——4	1——5	2——6	6——2	5——1	4——7	3——6

Sixte.

6 7 1 2 3 4	7 1 2 3 4 5	1 2 3 4 5 6	6 5 4 3 2 1	5 4 3 2 1 7	4 3 2 1 7 6
6———4	7———5	1———6	6———1	5———7	4———6

Si l'on a bien saisi les explications précédentes, on aura pu chanter les gammes majeures et mineures indiquées sans autre secours qu'une attention soutenue; mais comme nous l'avons déjà remarqué, l'attention étant une situation d'esprit un peu pénible, elle lasse et fatigue.

Eh bien, si nous éprouvons trop de fatigue après un quart d'heure ou une demi-heure d'étude, reposons-nous; nous reprendrons quand notre esprit aura recouvré de nouvelles forces. Après quelques tentatives, nous serons agréablement surpris d'éprouver que ce que nous ne pouvions saisir d'abord se présentera à notre intelligence comme de soi-même.

Surtout ayons assez de confiance en nous pour ne jamais prononcer que notre entreprise est au-dessus de nos forces; si nous avons un peu moins de facilité, un peu plus de temps compensera cet obstacle, et nos efforts répétés seront couronnés d'un heureux succès.

Nous aurons enfin appris toutes nos gammes, tant majeures que mineures; nous les chanterons en nous jouant, nous serons même en état de composer de nouvelles variations de ces gammes.

Quant à la mesure de tous les airs ordinaires, elle est si simple, que notre oreille la saisira facilement, d'après l'analogie d'une grande partie des airs populaires que les enfans connaissent : qui ne sait pas l'air si connu : au clair de la lune? noté ci-contre :

5 $\dot{1}$ 1 2 | 3 2 | 1 3 2 2 | 1 . o . | 2 3 2 2 | 6 6 | 2 1 7 6 | 5 . o . |

5 $\dot{1}$ 1 2 | 3 2 | 1 3 2 2 | 1

Celui qui sait cet air, n'a qu'à nommer la note au lieu de chanter les paroles; mais parce qu'il sait cet air, il le chantera en mesure : Il pourra la battre au moyen des barres verticales qui l'indiquent, il verra et saisira la durée des notes, il les appréciera, et quand il aura ainsi solfié un certain nombre d'airs qu'il connait, tous les secrets des mouvemens des diverses mesures lui seront révélés.

Lorsque nous passerons ainsi des airs connus aux airs inconnus, ce seront les mêmes mesures; nous les aurons déjà vues dans les airs connus, nous aurons vu aussi dans nos gammes tous les intervalles des tons, que nous avons appris à franchir avec facilité, les sachant par cœur; nous pourrons donc solfier, et apprendre un air que nous n'avons jamais entendu, et l'habitude nous rendra cette opération facile pour les autres airs inconnus.

C'est ce qu'on appelle savoir lire la musique.

Mais quand on est arrivé à ce point, si l'on entend chanter un air et qu'on le retienne par cœur, on a bientôt fait de remplacer les paroles par les notes; c'est même un problême qu'on se propose toujours, avec plaisir, de résoudre, et l'on y réussit.

Si donc, vous pouvez mettre les notes sur un air que vous aurez appris par l'oreille, vous pourrez bien l'écrire; et puisque vous savez chanter cet air, vous pouvez battre et séparer les mesures dont il est composé, puis les tems, etc.

C'est ce qu'on appelle savoir écrire un air qu'un autre puisse chanter.

La musique vocale en chiffres n'est que cela, pour l'apprendre, il faut dix fois moins de temps que pour apprendre à lire, parce qu'elle est dix fois plus facile que la lecture qui, cependant, est accessible aux intelligences les plus bornées. On sent que nous ne parlons pas de la musique *rossinienne* des théâtres et des salons, et des difficultés des instrumens; c'est un si rude métier, que l'on paye plutôt les tours de forces, que son plaisir réel, en assistant à un concert.

Disons maintenant quelque choses sur les temps, les mesures, et sur les indications du commencement des airs en musique ordinaire :

La mesure à 4 ou à 2 temps est composée d'une noire par temps, et divisible en 2, 3, 4, ou 6 parties, ou notes.

La mesure à 3 temps 3/4 une seule note par temps divisible comme ci-dessus.

La mesure 6/8 à 2 temps divisible, en 3 ou 6 notes par temps.

La mesure 3/8 à 1 tems.......... id........... id........ id.... par mesure.

Temps. 2	Temps. 4	
2	4	La mesure à 4 temps peut toujours se battre en deux temps chaque moitié.
2,3	3,4	2 Notes chaque temps, la virgule sépare le temps en deux parties.
1 2 3	2 . 4	3 Notes chaque temps, le point tient la place d'une note.
1 2 , 3 4	2 3 , 4 5	4 Notes chaque temps, les virgules séparent le temps en deux parties.
2 . , . 3	3 . , 2 1	4 Notes chaque temps, les virgules séparent le temps en deux parties.
3 4 5	5 4 3	Mesure 6/8 composée de 2, triolets de trois notes chacun.
1 . 6	7 . 5	Id. id. id. le point rend la 1e note du temps double en durée de la dernière.
$\overset{\frown}{13}$, $\overset{\frown}{21}$, $\overset{\frown}{71}$	6 $\dot{1}$ 6	Id. id. Le premier temps six notes, le second temps trois notes.
		La mesure à 3/8 n'est que la moitié du 6/8, et se bat à un seul temps.

1	2	3	La mesure à 3 temps, 1 seule note par temps.
2 , 3	4 , 5	6 , 5	2 Notes par temps.
1 2 3	3 2 4	4 3 1	3 Notes par temps.
5	.	.	1 Note par mesure.
42 , 31	53 , 42	64 , 51	4 Notes par temps.

En musique ordinaire.

Mesure à quatre temps représentée par une ronde o.
Mesure à deux temps représentée par une blanche 𝅗𝅥.
Chaque temps est représenté par une noire ♩.
Chaque demi-temps par une croche ♪.
Chaque quart de temps par une double croche 𝅘𝅥𝅯.

Les airs de danse sont généralement dans les mouvemens de 2/4 ou 6/8.

Les airs de valses sont dans les mouvemens de 3/8.

Les grands airs sont à trois ou quatre temps plus ou moins vifs ou lents.

La musique ordinaire peut avoir sa tonique sur tous les degrés de l'échelle *diatonique* ou *chromatique*, tant en majeur qu'en mineur.

Quand donc on voit au commencement d'un air en chiffres :

ut ou *re* ou *mi* ou *fa* ou *sol* ou *la* ou *si*, cela signifie que la note indiquée est la tonique de l'air en musique ordinaire, et doivent être des *ut* quand on est dans le mode majeur, ou des *la* dans le mode mineur. Si par exemple je lis *sol*, alors *ut* doit égaler la tonique *sol*; et disant 1 2 3 4 5 — 1, ma tonique *ut* égalera la tonique *sol* de la musique ordinaire, ainsi des autres.

Il arrive quelquefois qu'un air commencé en mode mineur reprend le mode majeur avant de finir, ou du majeur passe au mineur. Dans tous ces cas vous solfierez toujours le majeur en *ut* et le mineur en *la*. Dans le mineur *la*, *mi* est toujours la *quinte* ou *dominante* ; dans le majeur, *sol* est toujours la *quinte* ou *dominante*. Vous transformez la dominante *mi* du mineur en la *dominante sol* du majeur, sans changer de ton. L'air de Wilhem *d'Agnès Sorel* en offre un exemple, ainsi que l'air de la *Jeune Iris* et autres.

NOTA. Les *renvois* sont figurés dans les *airs* par des étoiles (*) et signifient qu'il faut répéter la phrase de chant qui est entre deux étoiles.

AIRS CONNUS DES ENFANS.

1 SOL. — MESURE 2/4. — *J'ai du bon tabac.*

*12,31	2,23	4 4	3 3	1231	2.23	4 5	1 fin
5, 54	3,23	4 5	2,00	5,54	3,23	4 5	2 *

2 UT. — 2/4. — *Au clair de la lune.*

*51̇12	3 2	1322	1*o fin	23,22	6 6	2̇17̣6	5 o*

3 SOL. — 2/4. — *Ah vous dirai-je maman.*

* 1 1	5 5	6 6	5	4 4	3 3	2 2	1 fin
5 5	4 4	3 3	2 2	5 5	4 4	3 3	2 2*

4 SOL. — 2/4. — *J'ons un curé patriote.*

*1 1	2 1	1 1	2 1	1 1	2 4	3 2	1*
5 5	4 3	2 1	2	5 5	4 3	2 1	2
1 1	2	1 1	2	1 1	2 3	4 2	5 5
4 3	4 2	1 7	1				

5 FA. — 6/8. — *Priez pour moi, je suis mort, je suis mort.*

1̇ 1 1	7 7 7	6 6 6	5	4 4 4	3 3 3	2 2 2	1
1 2 3	1 2 3	1 2 3	4	2 3 4	2 3 4	2 3 4	5
1̇ 7̣ 6	5 4 3	2 1 7̣	1̇	1̇ 7̣ 6	5 1̇ 1	2 1 7̣	1̇

6 SOL. — 2/4. — *Où s'en vont ces gais bergers ?*

3 3	4 4	3 3	2 2	3 1	4 4	3	2
2 3	2 1	7 6	5 2	2 3	4 3	2	1
2 3	2 1	2 1 7 6	5 5	5 . . 4	3 4	3 2	1 —

7 SOL. — 2/4. *Tous les bourgeois de Chartres.*

o . . 5	1 . . 2	3 . . 4	5	5 . . 6	5 . . 4	3 . . 5	1
o . . 5	1 . . 1	7 . . 6	5 5 . 5	6 . . 6	6 . . 6	6	5 . . 5
4 . . 4	4 . . 6	5 . . 5	5 . . 5	4 . . 4	4 . . 6	5 . . 5	5 . . 5
6 . . 5	4 . . 5	3 . . 2	1				

PROSE DE L'ANNONCIATION (chant d'église).

8 UT. — Mouvement de 6/8 2 temps. — *Humani generis.*

o . 5	1 . 1	2 1 7	1 . 2	3 . 2	3 . 2	1 . 3	5 . 4
3 . 2	1 . 1	2 . 7	1 7 6	5 . 2	2 . 1	7 6 7	1

9 LA. — Même mouvement 6/8. — *O filii et filiæ.*

o . 6	1 . 2	3 . 1	2 1 7	6 . 6	1 . 2	3 . 1	2 1 7
6 . 6	6 . 7	5 . 6	7 . 6 7	3 . 7	2 . 1 7	1 . 7	6

10 SOL. — 6/8. — *Le bon roi Dagobert.*

o . 3	3 . 2	2 . 1	1	2	3 4 5	2 1 2	2/1 fin.
o 1 2	3 . 3	3 4 5	2 . 2	2 1 2	3 . 3	3 4 5	2 . 2
2 . 3	3 . 2	2 . 1	1	2	3 4 3	2 1 2	1

11 SOL. — 2/4. — *Jardinier ne vois-tu pas, ou des fraises.*

1 2	3 4	3 2	1 5	5 3	6 5	5 4	3
3 4	5 5	4 3	2	2 3	2 1	7 6	5 1
2	2 2	5	4 3	2	1		

12 LA. — 2/4. — *J'ai perdu mon âne.*

*6 3	3 2	3	1	2 2	2 3	1 7	6 fin
6 1	7 1	2 1	7	6 4	7 1	2 1	7 *

13 SOL. — Mouvement de 6/8, 2 temps. — *La boulangère a des écus.*

*1 1 1	4 . 4	4 . 4	3 . 4	5 . 5	2 . 3	4 . 3	2 bis*
2 2 2	2 . 1	2 . 3	1 . 1	7 . 6	7 . 1	2 1 2	5 . 1
7 . 6	7 . 1	3 . 2	1				

14 LA. — 2/4. — *As-tu vu la lune, Jean?*

*1 3	2 1	3 4	3	1 3	2 1	3	3 *
1 3	2 7	1 1	6	1 3	2 7	1	6

15 UT. — 6/8. — *Par la p'tit' poste de Paris.*

5 6 7	1	2 7 5	2	1 3 4	5	3 1 2	1 *
3 3 3	4	3 4 2	2	3 4 5	1	2 1 2	5
5 6 7	1	2 7 5	2	1 3 4	5	3 1 2	1

16 UT. — 2/4. — *Stabat mater dolorosa.*

o 1	2 3	2	o 3	5 4	3	o 3	2 1
1 7	o 6	7 6	5	o 2	1 2	3	2
1	1						

17 RE. — 2/4. — *Vive Henri quatre.*

*6	6 6	5	5 1	7 6	5 6	3	o *
1	7 6	7	7 7	6 6	5 6	3 . 3 4	5 5
1	1 1	2 2	3 . 3	6			

18 LA. — 6/8. — *Prose de l'épiphanie, 3e couplet.*

3 . 3	3 . 2	3 2 1	7	2 . 1	7 . 6	1 . 2	3
6 . 5	6 . 1	2 1 7	6				

19 LA. — *Hymne de Saint-Jean-Baptiste*, origine du nom des notes de la gamme.

ut queant laxis.
*re*sonare fibris.
*mi*ra gestorum.
*fa*muli tuorum.
*sol*ve polluti.
*la*bii reatum.
*sa*ncte Joannes.

6 . . 5	6 1	1 . 7 6	7	6 . . 5	6 7	1	1
2	2 3	1	2	1 . . 7	6 7	6	5
1	6 5	1	1	2 . . 3	2 1	7	6
1	7 6	5	6				

20 UT. — 3 temps, doux et lent. — *Charmante Gabrielle.*

*5 5 1	7 6 5	1 1 3	5 . 3	1 3 2	1 . o*	1 2 3	1 7 6
2 7 1	2 4 .	3 . 2	1 2 3	1 7 6	2 7 1	2 2 .	1 . .

21 SOL. — 6/8, 2 temps. — *J'ai vu le Parnasse des dames.*

o . 3	6 6 6	1 7 6	3	3 . 2	1 1 1	7 1 7	6
o . 5	1 1 1	3 2 1	5	5 . 4	3 2 1	2 1 7	1
o . 3	5 6 7	7 1 2	2	1 . 3	3 4 3	2 1 2	3
o . 3	6 6 6	1 7 6	3	3 . 7	7 1 2	2 1 7	1
o . 6	7 1 2	2 1 7	6				

22 FA. — 2/4. — *Le bon emploi du temps.* Marche par G. Aloyski.

o . . 5	3 . . 5	3 . . 5	1	5 . o 3	2 . . 4	3 . . 2	1
o . . 5	3 . . 5	1 . . 2	1	5 . o 5	5 . . 7	6 . . 7	5
o .*. 5	6 . . 5	6 . . 5	4	2 . o 4	5 . . 4	5 . . 4	3
o . . 5	6 . . 5	6 . . 5	1	6 . o 4	3 . . 4	2 . . 3	1*

23 *Le Ranz des vaches.* — Mouvement de valse, 3/8 un temps.

o . 5	1̇ 3 4	5 . 3	4 . 5	3 . 1	1 2 3 4	5 . 3	4 . 5
2 2 3	1 . 2	5 . 5	5̣ . 3	5 4 2	1 3 2	1 . 5	5̣ . 3
5 4 2	1 3 2	1 . o	3 3 1	2 . 5	3̇ 3 1	2 . 5	3̇ 3 1
2 . 5	3̇ 3 1	2 . 5	3̇ 3 1	2 . 5	3̇ 3 1	2 . 5	3̇ 3 1
2 . 5	3̇ 1 2	5 . 5	5 . 3	5 4 2	1 3 2	1 . 5	5 . 3
5 4 2	1 2 3 2	1 .					

24 SOL. — 2/4. — *Je suis heureux en tout, Mademoiselle.*

* 3̇	3 . . 3	3	. 3	4 . . 5	4 . . 3	2	2
3 . . 2	1 . . 2	3	2	3 . . 2	1 . . 2	3	2
3 . . 4	5 . . 6	2	o	3	3 . . 3	3	. 3
4 . . 5	4 . . 3	2	2	3 . . 2	1 . . 2	3	2
3 . . 2	1 . . 2	3	2	5 . . 4	3 . . 2	1	o fin
5 4 3	2 3 2	2	2	2 1 7̣	6 7 1̇	7̣	2̇
5 4 3	2 3 2	1	7̣	6 7 6	6 7 6	5	5
6 7 6	6 7 6	5	5	6 7 6	6 7 6	5	5 *

25 LA. — 2/4 — *Digo d'Jannette*

6	7 1̇	7̣	3	6 7	1̇ 6	7, 7 1̇	7̣ 7
6	7 1̇	7̣	3	6 7	1̇ 6	7	o
6	6 6	5	5	6 6	5 4	3, 3 4	5 3
6	6 6	5	5	6 6	3 3	6	o

26 SOL. — 2/4 — *Eh! gai, gai, gai, mon officier.*

* o 6	3̇	3	3 2 3 4	3 4	3 2	1 7	1̇ .
7 6	3̇	3	3 2 3 4	3 4	3 2	1 7	6 fin
o 6	3 4	5 6	3	3 6	3 4	5 6	3
o 3	6 5	4 3	2	2 2	5 4	3 2	1*

27 LA. — Mesure à 3 tems, lent. — *Annette à l'âge de 15 ans.*

6 6 7	1̇ . 7	1 2 .	3 . .	2 1 2	3 . .	2 1 2	3 . .
3 3 4	5 . 3	4 3 2	1 . 3	3 2 1	7 6 3	3 2 1	7 5 6
7 7 .	6 . .						

28 LA. — 3 tems, même mouvement. — *Son joli tire-lire-lire.*

6 6 6	6 1̇ 7	6 . .	3̇ 3 2	4 . 3	3 2 1	2 2 2	2 3 .
1̇ . 7	3̇ 3 3	6 . 7	6 . 5	6 5 6	3 . .	6 5 6	3̇ . .
3 3 3	21,23,2	1 1 1	76,71,7	6 17 5	6 . .		

29 SOL. — 3 tems, même mouvement. — *Du haut en bas.*

1 2 7	1̇ . .	1 3 4	5 . 6	6 5 4	3 . 1	1 2 7	1̇ . .
4 3 4	2 . 5	5 . 4	5 . .	5 6 7	1̇ . 5	6 . 4	5 . 3
5 4 3	2 . 3	7 . 1̇	2 . 5	1̇ 2 7	1̇ . .		

30 SOL.—2/4.—*Encore un quartron, Claudine.*

o 1	2 4	3 2	1 . 1 2	1 1	2 4	3 2	1
o 1	1 2	3 4	5	2 5	4 3	2 1	3
2	2 . . 1	2 3	1 1	1 1	2 . . 1	2 . . 3	1

31 LA. — 2/4, allegro. — *Je ne saurais danser.*

5 5	1̇	3	5	4 3	4 2	1 7	1̇ 5
5 5	1̇	3	5	4 3	4 2	1 7	1
3 2	1	3	2	1 7	6 5	6 7	1 5
3̇ 2	1	3	2	1 7	6 5	6 7	1

32 FA. — 2/4. — *Vaudeville de Jean Monet.*

o . 1 1	5 5, 5 5	6 6, 6 6	5 6, 5 4	3 . 6 6	6 6, 7 1̇	5 5, 1 1	1 2, 3 4
5 . 1 1	1 . 3 3	3 . 1 3	4 4, 4 6	5 5, 3 3	4 3, 2 1	5 5, 3 3	4 3, 2 5
1 . 5 5	6 6, 7 7	1̇ . 5̣ 3	6 4, 2 5	1			

33 SOL. — 2/4, allegro. — *Je suis Madelon-Friquet.*

*6 7	1̇ 6̣	1̇ 2	3	3 . 2 1	7 1̇	3 2 1 7	1̇ 7
6 7	1̇ 6̣	1̇ 2	3	3 . 2 1	7̣ 6	7 5	6 fin
3̇ . 3 4	5 5	5 5	5	5 . 4 3	2 3	4 2	3 1
3 2 3 4	3	2	1 7̣*				

34 SOL. — 2/4, allegro. — *Nous nous marirons dimanche.*

*1 2 3 4	5 . 4 3	6 4	5	1 2 3 4	5 5	5̣	1̇* 5
1̇ 5	3 5	1̇ 5̣	3 5	1̇	5 5̣	6 4	2 . 3 4
5 3	1 3	2	5	1 2 3 4	5 4 3	6 4	5
1 2 3 4	5 5	5̣	1̇				

35 SOL. — 6/8. — *Pastorale de la Nina française*, de Grétry.

* 3̇	3 4 3	2	2 3 2	1 . 1	3 . 5	2 . 2	2 1 2
3	3 4 3	2	2 3 2	1 3 1	7̣ 6 7	1̇	1 fin
5̣	5 6 7	1̇	1 2 3	2	2 3 4	3 5 3	1 3 1
5̣	5 6 7	1̇	1 2 3	2 3 4	3 2 1	5	5 4̸ 4*

36 UT. — 6/8, gai. — *Les Gueux.*

*5̣ 1̇ 2	3 . 3	2 3 4	3 . 3	2 3 4	3	2 1 2	1 fin
1 . 3̣	5 . 4	5 4 3	3 . 3	1 . 3	5	4 5 4	3
3 . 3	4 . 3	2 . 3	2 . 2	2 . 3	2 . 1	7̣ . 2̇	5̣*

37 LA.—2/4, un peu vif.—*C'est le gros Thomas.*

*3 3	6	7	1̇	6 1̇	7 . 1̇ 2	1 7	1̇ 6* bis
7 1̇	6	1̇	7 . . 1̇	7 1̇	6	1̇	7
1̇ 3	7 . . 1̇ 7	6 7	1̇ . 6	1̇ 3	7 . . 1̇ 7	6 7	1̇ . 6
3 3	6	7	1̇ . . 3	3 . 3	2	1 7	6

38 RE.—4 temps.—Modéré.—*Vaudeville de la partie carrée.*

3	3 4	5	. 5	6 1̇	4 6	5 4	3
5	1̇ 5	6	. 5	6 7	1̇ 2	1	7
3	3 4	5	. 5	6 1̇	4 6	5 4	3
5 1̇	1 1	1 7	6 5	7 6	5 4	5	0
5	2̇ 1	1 7	6 5	5	6 7	1̇	5
5	4 3	6	. 5	5 4	4 3	3	2
3	3 4	5	5 6	7 1̇	2 3	3	.
. 2	1 7	6 5	6	2̇	1 1	7 7	1̇

39 SOL.—2/4.—Un peu vif.—*Allez-vous-en, gens de la noce.*

*3 . 2 3	4 3	2 2	3 1	3 . 2 3	4 3	2 5	1 bis
1 5	5 . 4 3	4 5	6 5	5 . 5 1̇	5 5	5 4	3
5 . 5 4	3	5 . 5 4	3	3 . 2 3	4 3	2 2	3 1
3 . 2 3	4 3	2 5	1				

40 SOL.—2/4.—Mouvement de danse.—*La Monaco.*

1 . 1 3	2 . 2 3	1 . 1 3	2	1 . 1 3	2 . 2 3	4 3 2 1	7 . 5
1̇ . 1 3	2 . 2 3	1 . 1 3	2	1 . 1 3	2 . 2 3	4 2 1 7	1̇ fin
*1 2 3 1	1 7 6 5	6 1̇ 7 2̇	1 5	1̇ 2 3 1	6 4	3 2 1 7	1̇* bis

41 SOL. — 2/4. — Gai et vif. — *Boira qui voudra la-ri-rette.*

o . 1 2	3 3	2 4	3	3 . 1 2	3 3	2 4	3
o . 1 2	3 3	5 3	2	2 . 3 2	1 1	1 3	2
3 . . 2	1 1	2 . 2 4	3 1	3 . . 2	1 1	2 . 2 3	1
1 2 3 4	5 5	5 5	5 . 3 4	5 . . 3 4	5 . 3 4	5 1̇	5
3 . . 2	1 1	2 . 2 4	3 1	3 . . 2	1 1	2 . 2 3	1

42 UT. — 6/8. — Modéré. — *Contentons-nous d'une simple bouteille.*

* 3 6 1̇	7 1̇ 6	5 4 5	6 . 3	3 6 1̇	7 1̇ 6	5 4 5	6* bis fin
3 1 3	2 7 2	1 7 6	7 . 3	3 1 3	2 7 2	1 7 6	3 *

43 SOL. — 6/8. — Mouvement de marche vif. — *Gai, marions-nous.*

* 3	3	3 2 3	4	3 . 4	5 . 4	3 . 2	3 . 1
3	3	3 2 3	4	3 . 4	5 . 4	3 . 2	1 fin
1 . 3	5 . 5	6 . 6	5	4 . 4	3 . 3	2 . 2	3 . 1
1 . 3	5 . 5	6 . 6	5	4 . 4	3 . 3	2 . 2	1 *

44 UT. — 2/4 — Gai. — *Ma commère, quand je danse.*

* 5 1̇	5 1̇	2 . . 3	2 2	5 1̇	5 1̇	2 . . 3	1* bis fin
3 . 2 1	2	3 . 2 1	2*				

45 SI. — 6/8. — Mesuré. — *Contredanse de la Rosière.*

o . 5	1̇ 2 1	7 6 7	1̇ 2 1	7 6 7	1̇ 2 1	7 6 7	1̇ 3 1
5 . 5	1̇ 2 1	7 6 7	1̇ 2 1	7 6 7	1̇ 2 1	7 6 7	1̇ 1 1
1 . 3	4 . 2	2 1 2	3 . 1	1 7 1̇	2 . 7	7 6 7	1̇ 3 1
5 . 3	4 . 2	2 1 2	3 . 1	1 7 1̇	2 . 7	7 6 7	1̇ 1 1
1							

46 UT. — 6/8. — *La faridondaine, gai la faridondé.*

5 . 5	6 . 7	1	2 . 2	1 . 3	2 . 2	2 . 2	1 . 7
6	1 . 7	6 . 1	7 . 6	5	5 6 7	6 . 1	7 . 6
5	5 6 7	6 . 7	1				

47 SOL. — 3/4. — Modéré. — *Que ne suis-je la fougère.*

o	o	1 7	6	1	3 3	2 1	7	1 7
6	1 7	6 5	6	.	1 7	6	1	3 3
2 1	7	1 7	6	1 7	6 5	6	.	1 2
3	3	4 3	3 2	2	3 2	1	3	2 1
7	.	1 7	6	1	3 3	2 1	7	1 7
6	1 7	6 5	6					

48 SOL. — 6/8. — Modéré. — *La jeune Iris, la fleur de nos campagnes.*

o . 1	3	4	5	. . . 1	1 7 6	6 5 4	4 . 3
3 . 1	3	4	5	. . 1	1 7 6	6 5 4	5
o . 5	2	3	4	. . . 5	6 5 4	3 2 1	7
5 . o	4	6	. . . 4	3 . 3	2 1 2	4 3 2	1 . .
(*a*) 6	1	7	6	. . 3	3 2 1	1 7 6	1
7 . 6	1	7	6	. . 3	3 2 1	1 7 6	1
7 . 3	7	1	6	5 . 6	7 . 1	7 1 2	2 . 1
7 . 3	7	1	6	5 . 6	7 . 2	1 . 7	6

(*a*) Quant un air passe du majeur au mineur et réciproquement, les deux toniques *ut* et *la* sont sur la même corde ou le même ton. On l'a déjà remarqué pour l'air de *Charles VII*, musique de B. Wilhem.

49 SOL. — 6/8. — Modéré. — *Faut d'la vertu, pas trop n'en faut.*

Cet air commence en mineur qui finit par la tonique *la*

o*. 3̇	3 . 3	6 . 6	5 . 4	3 . 3	4 . 3	2 . 3	7 . 7
7 . 3̇	3 : 3	6 . 6	5 . 4	3 . 3	2 . 7	1̇ . 3	7 . 1̇
6 fin.	majeur 5̇	5 4 5	3 . 5	6 . 1̇	5 5 5	5 4 5	3 . 5
2 . 2	2 . 2	3 . 3	4 . 4	3 . 5	2 2 2	3 . 3	4 . 4
3 . 5	2*						

Il reprend en majeur par la dominante *sol* qui égale *mi*, et qui est la dominante ou quinte du mineur.

50 FA. — 2/4 — Modéré. — *Ah! le bel oiseau, maman.*

*5 . . 6	5 5	4 4	3	3 2	3 5	4 3	2 1
5 . . 6	5 5	4 4	3	5 2	3 4	2 . . 1	1 fin
3 3	3 2	2 1	1	3 3	3 5	4 3	2 1*

51 UT. — 2/4. — *Beaucoup d'amour*, musique de Wilhem.

o . : 5	1̇	2 1 7 1̇	5 . . 1	7 . . 6	5	. 4	3
5 : : 5	1̇	2̇ .	. .	2 . . 2	5 . . 6 5	4 . . 2	1
o 5	3̇	2 1	7 1̇	2 2	3	. 2	1
1	2	.	. . . 3 2	1 2	3 . 4 3	2 1 7 6	5
o 2	7	1̇ 2	5 4	3 2	1	2 3	2
7 . : 7	1̇	1	2	2 . . 5	3̇	.	2 o
* 3	1	. . 21	7 1̇	7 1̇	4	. 3	2
5	1	. . 21	7 1̇	7 1̇	4	. 3	2
3 . . 2	2 . . 1	7 1̇	3 . . 2	1 6	7 . . 6	5 7	1̇ *

52 SOL. — 6/8 — Modéré. — *Ainsi jadis un grand prophète.*

o*5 4	3 2 3	1 2 3	4	2 4 2	7 6 7	5 6 7	1̇ bis fin
o 3 4	5 3 1	1̇ 6 4	5	5 3 4	5 3 1	1̇ 6 4	5 *

53 MI. — 4 temps, — *Marie-Stuart*, musique de B. Wilhem.

5	5	.	5	5	6	7 6	5
* 4	3	5	4	3 . . 3	2	3	4
3	2	o	o	o 5	5	.	.
5	6	. 6	5	4	3	5	4
3	2	3 . . 2	2 . . .	2 . . 2	1	.	o
1̇	6	. . 7 6	7	1̇	2	7	5
4	3	6 . . 5	5	6 . . 5	5	. 3	1
3	2	3 . . 2	2	2 . . 2	1	.	o
5 . . 5	1̇	.	.	7 . . 7	1̇	.	o
5 . . 5	5	.	.	7 . . 7	1̇	. fin	o
5	1̇	7 . . 6	5	6 . . 5	5	. 4	3
o 5	5	4 . . 6	6 . . 5	4 . . 2	1	.	o
5	2 . . 1	7 . . 6	5	6 . . 5	5	. 4	3
1̇ . . 7	7	6	6	7 . . 6	5	.	o
5 5	6	. 6	5	5 . . 2	3 . . 4	5	o 1
1 1	2	. 7	5	4	3	.	5
5 5	7 . . 6	5 4	4 . . 3	2 1	7 . . 2	5	o
7 . . 7	1̇	3 . . 3	5	1̇	2	.	o
5	1	.	.	5	6	7 6	5 *

Ce bel air de M. B. Wilhem (ainsi que celui de Parny et plusieurs autres) n'a sans doute pas la facilité de beaucoup d'airs populaires; mais les airs de ce compositeur sont populaires en ce sens, qu'ils expriment bien les sentimens que le poète a donné à ses personnages, et à ce titre ils enchanteront ceux qui auront déjà fait quelques progrès dans la musique en chiffres, rendue plus facile par l'évidence et la clarté des temps et des mesures.

54 MI. — 2/4. — Vif. — *Vive le vin de Ramponneau.*

*1̇ . 7 6	5 4	3 2	1 5	1̇ 2	3 4	5	5
1̇ . 7̣ 6	5 4	3 2	1 4	4 3 2 1	3 2 1 7̣	1̇	1 fin
1̇ 2 1	7̣ 6 7	1̇ 2 1	7̣ 6 7	1̇ 2 1	7̣ 6 7	1̇	5̣
1̇ 2̣ 1	7̣ 6 7	1̇ 2 1	7̣ 6 7	1̇ 2 1	7̣ 6 7	1̇	5̣ *

55 SI. — 2/4. — Modéré. — *Ce Magistrat irréprochable.*

o 5 6 7	1̇ 1	2 3	4 . 3 2 .	o 1 1 1	2 . . 2	2 . 4, 3 . 2	1
o 2 2 2	2 1 7̣ 1̇	2 3 4 5	5 4 4 .	3 . 5 3	2	3 1 5 3	2
5 . 4 3	2 . . 7̣	2̇ 1 7̣ 6	5	o 5 5 5	1̇	3 . 2 1	1 7̣ 7 .
o 5 5 5	1̇ . . 7̣	1̇ 2 3 4	5	o 1 1 2	3 . 2 1	1 . 2 3	3 4 4 .
o 2 2 2	5	5̇ . 5 4	3	o 5 5 4	3 . 3 2	1 . 2 3	4 . 5, 6 .
o 5 5 5	3	2 . 2 2	3	o 5 5 5	3	2 . 2 2	1

56 UT. — 2/4 — Un peu vif. — *Je veux être un chien.*

1̇ . 7 6	5 6	3 4	5	4 . 3 2	1 2	7̣ 1̇	2
1 2 3 4	5 . 1̇ 7̣	6	5	2 . 2 3	4 3	4 5	6
6 . 6 6	2̇ . 1 7̣	1̇ 2	5̣ . 6 7	1̇ 1	5̣ . 6 7	1̇ . 7 6	5
4 3 4 5	6 5 4 3	2	1				

57 UT mineur. — 6/8. — Modéré. — *Vaudeville des deux Edmond.*

o . 3	6 6 6	6 5 6	7 . 1̇	7 . 3	6 6 6	6 5 6	7 . 1̇
7̣ . 3	2̇ 1 7̣	6 5 6	7 . 7	1̇ . 1	7̣ . 7	1̇ . 1	7̣ . o
majeur							
o . 5	3̇ 2 1	7̣ 1̇ 2	3 . 2	1̇ . 5̣	3̇ 2 1	7̣ 1̇ 2	3 . 2
1̇ 1 7̣	6 6 6	1̇ 7 6	5	o . 5	1̇ . 1	1 . 2	3
o . 3	2 . 2	2 3 2	1	*ut* majeur égale *la* mineur.			

58 SOL. — 2/4. — Vif. — *C'est mon mirliton don don.*

5 4 3 2	4 . 3 2	1 5	5 4 3 2	4 . 3 2	1 bis	1 7 1̇ 2	3 4
5 5	4 3 5 2	6 4	5	5 4 3 2	4 . 3 4	5 . 4 3	2 1
5 4 3 2	4 . 3 2	1	1̇			1 . 1̇	

59 LA. — 2/4. — Modéré. — *Qu'elle est, qu'elle est bien.*

6 . 7 1̇	1̇ 7 6 5	6 7	1̇	6 . 7 1̇	2 1	7 6	7 5 bis
1 2 3	7 1	5 6	3 4	5 6	3 6	5 6	1 7
1̇	7	5 6	3	6 1̇	7 1̇ 2	4 7	[illegible] 1̇ 6 bis / 6 fin

60 LA. — 2/4. — Modéré. — *Ermite, bon Ermite.*

5 . . 3	3 2 1 2	3 3	6 65 6 7	1̇ . . 3	3 2 1 2	3 3	6 56 7 1̇
5 . . 6	7 1̇ 2 1̇	7 . 7 7	1̇ 2 3 2	1 . . 1	2 3 4 3	2 . 2 2	3 1 7 2
1 . . 3	3 3 3 3	3 3	6 65 6 7	1̇ . . 3	3 2 1 2	3 3	6 . 7 7
1̇ . . 3	2 1 7 1	6					

61 LA. — 2/4. — Modéré. — *La petite Cendrillon.*

1 1	6 6	7 7	3 3	3 4	5 6	7 3	1̇ 6
1 1	6 6	7 7	3 4	5 6	7 1̇	2 . 1	1 7
3 6	6 5	3 2	2 . . 1	4 4	7 7	6 6	3 . 7
7 3	6 . . 6	7 3	6 . 6 6	7 1̇	2 . 4 7	6 5	6

62 SOL. — 2/4. — Vif. — *Le maître d'école.*

3 2	1 7	6 5	6	6 1̇	7 1̇	2 7	1̇ 6
3 2	1 7	6 5	6	6 1̇	7 2	1 7	1̇ 6
3 3	3 3	3 3	3	6 1̇	7 5	6 4	5 3
3 3	3 3	3 3	3	6 1̇	7 2	1 7	6

63 SOL. — 6/8. — Modéré. — *Elle aime à rire, elle aime à boire.*

64 FA. — 6/8. — Un peu vif. — *Bon voyage cher Dumolet.*

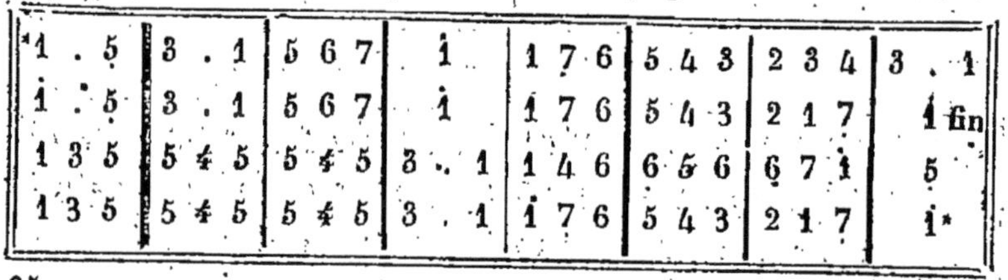

65 UT. — 6/8. — *Eh ! le cœur à la danse.*

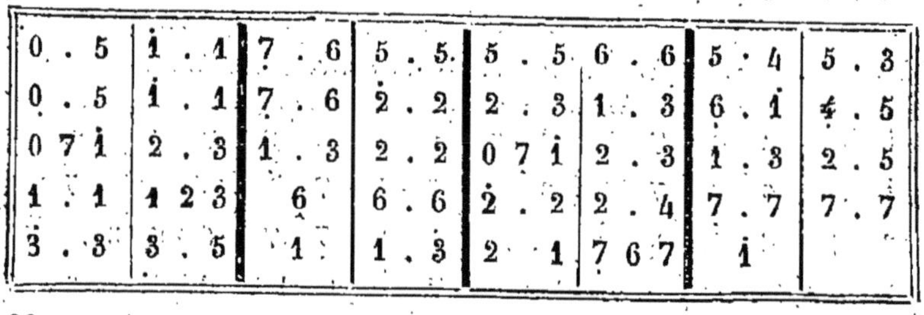

66 SOL. — 2/4 — Modéré. — *Un Chanoine de l'Auxerrois.*

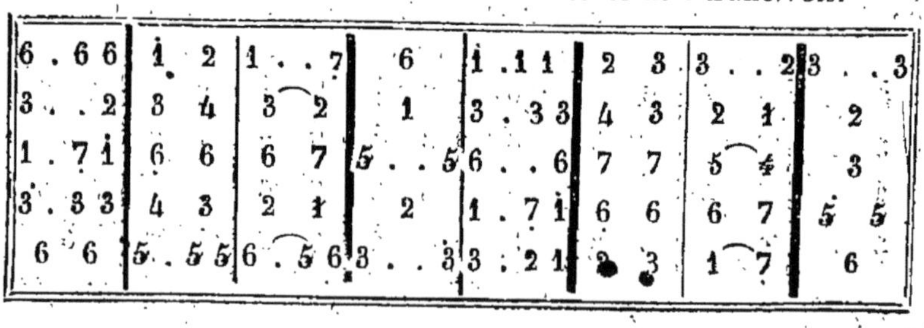

67 SOL. — 6/8. — Gai. — *La Catacoua.*

1 1 1	4 . 4	4 . 4	3 . 2	2 3 4	5 . 5	5 4 3	2 bis
*3 2 1	7 . 1	2 3 4	3 . 2	3 2 1	7 . 1	2 . 3	1 fin
3 4 5	2	3 4 5	2	3 4 5	2 3 4	3 4 5	2*

68 SOL. — 6/8. — Modéré. — *L'amitié vive et pure.*

*0 . 6	6 . 1	1 . 3	3 . .	2 3 2	1 . 7	6 . 5	*6 bis
3 . 3	4 . 4*	2 . 2	3 . 3	1 . 1	2 . 2	7 . 7	1
. 3 3	7 . 7	7 . 1	2	4	3 4 2	1 . 7	6

69 LA. — 3/8. — Un peu lentement. — *Eh lon lan la landérirette.*

*6 . 5	6 . 7	1 7 6	7 . 7	6 . 5	6 . 7	1 7 6	*7 bis
7 . 7	3 . 2	1 . 7	6 . 6	7 . 1	2 . 1	7 . 6	5
1 . 7 6	7	3 . 4 5	6 . 6	1 . 7 6	7	3 . 4 5	6

70 RÉ. — 6/8. Un peu vite. — *Ma tante Urlurette.*

1 . 7	6 . 3	3 . 6	6 . 5	6 . 3	3 . 2	1 . 7	6
7 . 1	2 . 2	1 . 7	1 . 7	6 5 6	7	3	[illegible] . 3
6	3	4 . 3	2 . 3	1 . 7	6		

71 SI. — 2/4. — Un peu vite. — *Eh quequ' çà m'fait à moi.*

1 1	1 . . 3 2	1 3 5 3	2 5	2 2	2 . . 4 3	2 4 6 4	3 o
5 3	1 6	4 2	7	2 . 5 5	3 . 1 1	2	5 . . 5
6,6,6,76	5 . 1 1	7 1 4 3	3 . 2 5	6,6,6,76	5 . 1 1	2 4 3 2	1

72 FA. — 2/4. — Modéré. — *De la Pipe de Tabac.*

*1.2.3.4	5 1	6 . . 4	6 5 5.	5 4 2 4	3 5	2 . . 3	*1 bis
7 1 2 3	4 2	1 3	2 7 5.	7 1 2 3	4 2	1 3	5*

73 SOL. — 2/4. — Un peu vite. — *La contredanse du Diable à quatre.*

74 SI. — 6/8. — Air de chasse. — *Ton ton tontaine ton ton.*

75 FA. — 2/4. — Modéré. — *Tout ça passe en même temps.*

76 LA. — 2/4. Modéré. — *La Prisonnière et le Chevalier.* — Musique de M. J. Loiseau.

77 UT. — 2/4. — Vite. — *La Marmotte a mal au pied.*

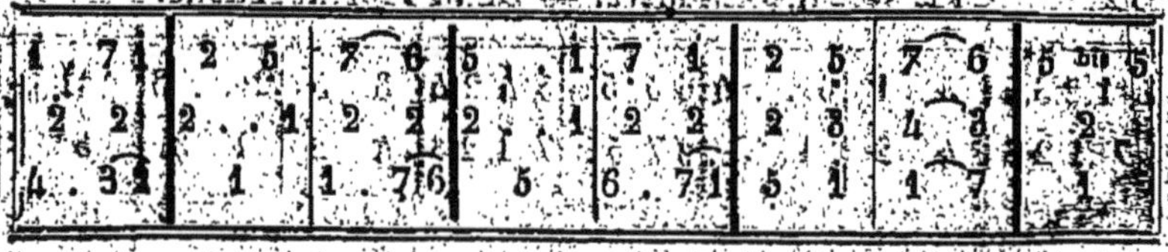

78 UT. — 6/8. — Modéré. — *Vaudeville d'Arlequin Cruello.*

1 7 1	6 . 6	7 . 7	1	1 7 1	6 . 2	1 . 7	1 bis
1 7 6	5 . 5	4 . 4	5 . 5	6 . 6	7 . 7	1 . 1	2
2 2 2	2 . 1	7 . 6	5	5 5 5	1 . 5	2 . 4	3
5 5 5	7 . 5	1 . 3	2 . 1	5 . 2	5	3 2 1	6 . 2
1 . 7	1	3 2 1	6 . 2	5 6 7	1		

79 RÉ. — 2/4. — Vite impatiemment. — *C'était pour accomplir la loi*, ou musique de M. J. Loiseau.

6	1 7	6	7	1	2	3	[illegible]
3	4	3	4 3	2	3 2	1	1
7	7 7	3 2	1 7	1	[illegible]	7	2
1	7	6 7	1 2	3 3	0	7	7 1
2	2	4	4	3	0	7	7 6
5	4	3	3	3	0 5 3 1	7 6 5 6	7 6 5 6
6	0 4 4 2	1 7 6 7	1 7 6 7	7 . 0 3	4 2 7 6	5 5 0 3	4 2 7 6
5 5 3 5	2 2 2 2	1 1 1 1	7 . . 6	5 . 5 5	6 6 7 7	1 . 1 1	2 . . 2
3	4 = majeur.	3 . . 3	3 . . 3	5	4 . . 3	4	3 . . 2
1 2	2 . . 2	2 . . 3	4	3 . . 2	3	2 . . 1	1

80 SOL. — 6/8. — Modéré. — *Du Ballet des Pierrots.*

0 0 1	3 . 4	5 . 3	2 . 4	3 2 1	3 . 4	5 . 1	7 . 6
5 . 1	3 . 4	5 . 3	2 . 4	3 2 1	3 . 4	5 . 1	7 . 6
5 . 2	3 . 4	3 . 2	3 . 4	3 . 2	4 . 3	2 3 1	7 . 1
2 . 5	3 . 4	3 . 2	3 . 4	3 . 2	4 . 3	2 7 1	3 . 2
1							

81 2/4. — Un peu vite. — *Le Fleuve d'oubli.*

0 5	5 . 1	1 7	7 6	5 1	7 . 1	2 3	1 . 3 4
5 5	5 . 1	1 7	7 . 6	5 1	7 . 1	2 3	1 . 3 4
5 . 2 3	4 3	2 . 1	2	5 1	7 . 6	5 . 4	3 . 4 5
6 . 7 1	2	1					

82 UT. — 6/8. — Modéré. — *J'ai vu partout dans mes voyages.*

5 3 5	1	3 2 7	1 . 3 5	5 1 7	6	7 1 2	1 . 7
5 3 5	1	3 1 6	4 . 4	2 6 1	7	2 6 1	7
2 1 7	6	3 2 4	5	2 3 2	1	5 1 3	2 7 5
2 3 2	1	5 1 3	2	5 6 7	1	3 2 1	6 1 0
1 7 6	5	3 2 5	4 . 3	5 6 7	1	3 2 1	7 6 6
1 2 3	4 3 2	1 . 7	1				

83 SOL. — 6/8. — *Et j'suis bon, là tout d'même à la papa.* — Air de chasse.

3 3 3	3 . 2	3 . 4	5 . 5	3 3 3	3 . 2	3 . 4	5 3 4
5	2 2 2	2 . 3	4 . 5	4 . 3	5 4 3	5 4 3	2 3 1
2	2 2 2	2 . 3	4 . 5	4 . 3	5 4 3	5 4 3	2 1 2
1							

84 LA. — 2/4. — Modéré. — *Vaudeville de Mme Scarron.*

o . 6 6	1 1 7 5	6 6 6 6	1 1 7 5	6 . 6 1	3 3 3 3	3 7 7 7	1 1 6 6
7 . 3 4	5 6 7 5	6 6 6 7	1 2 3 4	7 . 3 .	1 1 7 7	6 6 3 .	1 1 7 7
6 .							

85 SOL. — 6/8. — Modéré. — *La treille de sincérité.*

* 3 3 3	3	4 3 2	5 3 1	3 3 3	3	4 3 2	5
o . 1	5 6 5	4 3 2	5	5 . 1	5 6 5	4 3 2	1 fin
3 . 5	1 . 1	2 1 2	3 . 1	5 1 7	6 . 5	1 . 3	2
2 2 5	5 4 3	3 2 1	1 . 7	2 7 5	5 . 4	2 7 5	5 . 4
2 3 4	5 3 1	2 . 2	5	4 4 4	2 . 7	1 . 3	5 . 5
4 4 4	2 . 7	1‹ . 3	5	5 . 6	5 3 4	5 . 6	5 3 1
1 1 1	1 . . 1	3 . 2	5 *				

86 FA. — 6/8. — Mouvement connu. — *Le bon roi Dagobert.*

* . . 3	3 . . 2	2 . 1	1 . .	2	3 4 3	2 1 2	2 bis / 1 fin
o 1 2	3 . 3	3 4 5	2 . 2	2 1* 2	3 . 3	3 4 5	2 . 2
2 . . 3	3 . 2	2 . 1	1	2	3 4 3	2 1 2	1 .

87 MI. — 2/4. — Un peu vite. — *Vaudeville de la Petite Gouvernante.*

o 5 5 5	5 5	5 5	1	5 5 5 5	4 4	4 3 4 5	3
o 5 5 5	5 5	5 5	1	2 6 6 6	5 5	7 7	1
o 5 5 5	4 . . 2	2 1 6 4	6 5	o 5 5 5	4 . . 2	2 1 6 4	5
o 5 5 5	3 5	3 1	1	2 6 6 6	5 5	4 3 4 5	3
o 5 5 5	3 5	3 1	1	2 6 6 6	5 . . 5	7 . . 7	1

88 MI. — 2/4. — Vite saccadé. — *Quand les bœufs vont deux à deux.*

* o 3 3 3	7 1 2 7	1 2 3 1	7 1 2 7	1 . 3 3	6 5 4 3	2 . 3 4	3 2 1 7
fin. 6 . 6 6	7 1 2 7	1 3 6 6	7 1 2 7	1 3 1 3	2 1 7 6	3 . 3 4	5 5 4 3
2 2 2 3	4 4 3 2	1 1 1 2	3 3 2 1	7 . *			

89 LA. — 2/4. — Lestement. — *C'est une bouteille.*

7 i 6 6	7i 67i	2 2 3 3	i 7 6 .	7 i 6 6	7i 67i	2 2 3 3	i76 . 52
3 3 4 2	3 . . 1 2	3 3 4 2	3 . . 3	6 6 6 7	1.7i2.2	3 3 1 7	6 .

90 RÉ. — 2/4. — Plaintivement. — *Attendez-moi sous l'orme.*

* o 3	6 . . 7	i . . 5	6	3 . . 4	3 . ? 2	i . . 7	* 6 bis
o i	7 . . i	2 . . 3	2 . . 1	7 . . i	6 . . 7	i . . 2	3
o 3	3 . . 4	5 . . 3	6	5 . . i	7 . . 6	5 . . 7	6

91 UT. — 2/4. — Modéré. — *Le Vilain*, musique de Gatayes.

ooo 5.4	3 i	5 3 3 3	2 . . 7	5 5	6 . 6 6	i 7 6 5	i
o . 3 3	3 . 3 3	7 3	1 6	o 3	3 . 3 3	7 . 3 2	1
o . 2 2	2 . 2 2	6 2	7 5	o 6	7 . i 7	6 . 7 6	[illegible]
o . 5 5	6 5 6 5	6 5 6 5	5 . . 7 6	5 5	7 . 7 7	i 5 5 3	[illegible] 2
o . 5 5	i 1	2 1 7 i	2 . . 1	7 . 5 5	2 2	3 2 1 2	3 . 2 1 .
o 6 7 i	1 . 5 5	5 5 6 7	i	o 6 7 i	5 . 6 5	543432	1

92 LA. — 2/4. — Modéré. — *Eh! non, non, non, ce n'est plus là Ninon.*

6 . 7 i	7 . 6 5	6	6 . 7 i	2 . 1 7	i . 6 . 6	2.22.2	2 . . 2
3 3	7 3	2·1 7 6	7 7	7 . . i	2. 17 . 1	6 . 5 . 6	7 7
7 . . i	2.17.i	6					

Nous aurions pu donner un plus grand nombre d'exemples, nous estimons que ceux qui précèdent suffisent à notre objet, pour ceux qui voudront en profiter.

www.ingramcontent.com/pod-product-compliance
Ingram Content Group UK Ltd.
Pitfield, Milton Keynes, MK11 3LW, UK
UKHW020055100726
13658UKWH00004B/1764

9 782019 992279